Être près de Toi

pour

Être Libre

ADSO

Être près de Toi pour Être Libre

Préface :

" On ne lit pas et on n'écrit pas de la poésie parce que ça fait joli. Nous lisons et nous écrivons de la poésie parce que nous faisons partie de la race humaine ; et que cette même race foisonne de passions. La médecine, la loi, le commerce et l'industrie sont de nobles occupations, et nécessaires pour la survie de l'humanité. Mais la poésie, la beauté et le dépassement de soi. L'Amour : c'est tout ce pour quoi nous vivons. Ecoutez ce que dit Whitman : Ô moi ! Ô vie ! ... Ces questions qui me hantent, ces cortèges sans fin d'incrédules, ces villes peuplées de fous. Quoi de bon parmi tout cela ? Ô moi ! Ô vie ! ". Réponse : " Que tu es ici, que la vie existe, et l'identité. Que le spectacle continue et que tu peux y apporter ta rime... Quelle sera votre rime " ?

Citation, extraite du film " Le cercle des poètes disparus". Réalisé par Peter Weir, sorti au cinéma en France le 17 janvier 1990.

© 2016 ADSO

Édition : Bod- *Books on demand*
12/14 rond-point des Champs Elysées
75008 Paris
Imprimé par – Books on Demand, Nordestedt
ISBN : 9782322094998
Dépôt légal : juin 2016

Le roman inachevé

Il aurait dû comporter des envolées
Des rêves et des secrets avoués,
Sa couleur, celle de l'union de nos regards,
Et sa forme, le geste qui jamais ne séparent.

Hélas !!
Trop de place
Dans mon coeur
Jamais à la bonne heure.

Qu'aurait-il fallu ?
Il aurait fallu nos quatre mains
Et notre certitude devant nous prévue.
Pourtant, il y eut des matins
Et même certains soirs
Où le roman n'était plus illusoire.

J'ai cherché ta plume au fin fond de mes rêves,
Mais cet oiseau libre aimait à s'abandonner sur la grève.
Oui, il y avait de l'eau dans ses yeux
Étaient-ce des larmes ? Il semblait heureux.

Et pourtant sa plume,
S'envolait dans la brume
De mes songes,
Et la nuit se vidait de tout mensonges.

Inachevé,

Abandonné,
Délaissé,
Le roman inachevé.

Il est né, une nuit d'amour,
Il sera là, un certain jour.

Les visages

Dans le tableau de la vie,
Il y a des joies et des folies.
Lesquelles sont préférables ?
La joie est éphémère et vulnérable
Et la folie nous rend éphémères et vulnérables.

C'est pourquoi il nous faut des couleurs
Pour effacer cette quotidienne douleur.
Matisse a choisi du bleu
Et les femmes se colorent les yeux.

Les visages se sont aussi des sourires
Sur des bouches où voguent les navires.
Et les flots jaillissent des yeux,
Pour du coeur devenir feu.

Et mon regard vogue sur ton visage
Et ton visage s'imprègne au rivage
De mon être, de mon trouble, de mon âme.
Et il y a des visages de femmes
Que l'on gravent au firmament de l'art
Et ces étoiles, s'allument dans le soir,
Alors il y a les visages de la nuit,
Connus, éblouis, enfuis.
Il y a aussi des visages qui disent des mots
Aussi il y a des visages qui reçoivent ces mots.
Et la magie des visages,
Qui étendent des langages

Aux rives infinies
De la vie …
Humaine.

Il y a ces visages que le temps ne capture pas
Parce que les yeux restent doux et assis là
Comme des chats,

Des visages de paix,
Des visages que l'on voudrait garder
Pour l'éternité.

Et il y a ces visages que le temps vole,
Inquiets, allongés en farandoles,
Sur les bordures des champs
Sur les rêves des géants.

Le temps s'allonge
Et la lune plonge
Dans un délire d'esthète
Les visages du poète.
Il y a ces visages qui font peur,
Pleins de fiel et de terreur.
Qui s'accrochent à ton coeur
Pour le faire basculer dans l'horreur.

Mais l'Humain le Courageux
Regagnent le mât glorieux
De la saison

De la création.

Visage
Ô visage de l'humain,
Puis-je te prendre la main
Pour danser sur les courbes du divin ?

La compagnie des fées

Elles sont là toutes cachées
Dans les arbres et les fleurs d'été.
Elles aiment chanter et se balader
Auprès des promeneurs
Et des enchanteurs.

Elles déposent des grelots de soleil
Sur les vitres gelées de nuées portant merveilles
Et glace du froid
Qui font rire de joie.

Elles vivent dans un monde
Qui n'est pas si loin de celui où nous sommes
Souvent, elles viennent y faire la ronde
Pour donner à chaque enfant sa pomme.

De l'or, du son, des rires et des chants.
Voilà ce qu'offre la compagnie des fées.
Privilégiée aux berceaux des enfants
Les fées existent et jouent dans le vent.

Tu peux les voir
Quelques soirs
D'été, au clair
Des clairières.

Les fées apportent joie et rires
Parfois elles te proposent un sourire.

La compagnie des fées
Existe depuis l'éternité.
Alors, si tu veux tu peux prononcer
Tout bas son prénom.

Et si elles te répondent
C'est qu'en une seconde
Elles ont lu dans tes yeux
L'envie d'être heureux.

Peu d'êtres cherchent le bonheur,
Mais quand ils le veulent vraiment
C'est qu'à la pendule, l'heure
De la compagnie des fées a choisi de te donner ce diamant.

Du bonheur comme une quête,
De la bonté comme une fête.

La compagnie des fées te rappelle.
Que la vie peut toujours être plus belle.

Alors, vous les enfants,
Applaudissez,
Au spectacle des grands
Pour rester en compagnie des fées !

La voix qui chante

Plus qu'un oiseau
C'est le son du ruisseau
Qui chemine dans la forêt.
Plus qu'un oiseau
C'est un galop
Qui s'évade
Dans la forêt.

Oui, c'est bien dans la forêt
Que l'on entend la voix qui chante,
Ou c'est peut-être dans le rivage enchanté,
Aux abords de l'île celle que hante
Orphée, prince des poètes
Qui du dire et du chanter
Fait répéter l'écho que rien n'arrête,
Parce que fils de la muse Calliope.

Cette voix est un chant et un poème,
Il est normal de lui répondre je t'aime.
De rimes ou d'arpèges,
Il est plein de florilèges.

Alors, si un jour tu te trouves par chance,
Sur une île ou dans une forêt
Ne repousse pas la danse,
Qui envahit alors ton âme enchantée.

Tu pourras alors sentir, les vibrations

Les mots fous et les pardons.
Pour comprendre ou s'approcher
Des sons, des mots, de leurs secrets.

Il est même possible que ta voix
Se mette elle aussi à chanter,
Il est même possible que ta voix
Se mette elle aussi à danser.

La voix qui chante t'emmène
Aù-delà des nuits
Elle t'emmène,
Près de la genèse de la vie.

Au tout début des temps,
Au moment du firmament.
Pour que ta voix à toi aussi
Devienne une étoile
Pour que jaillisse encore, loin du mal
Ce que la voix qui chante, appelle la vie.

Fermer les yeux, battre son coeur

Il est là humain plus que jamais
Dans une solitude non épargnée.
Il est là et il attend
Très, très doucement.

Que la vie recommence
Au petit jardin de la chance.

Alors il ferme ses yeux, pour éteindre la peur
Alors il sent battre son coeur.

Fermer les yeux battre son coeur
T'appelle et t'appelle encore
Dans ton jardin plein de fleurs,
Pour sortir de ce qui n'est qu'un décor.

Ton coeur et tes yeux, dessinent la vie
Que tu as choisie.
Tes yeux et ton coeur
Sont les maîtres de ton bonheur.

Puisse l'homme protéger
Ses yeux et son coeur,
Depuis et vers toute éternité,
Choisir de ne plus jamais avoir peur.

S'asseoir doucement,
Aux pieds des arbres géants,

Sentir le vent,
Sentir le temps.

Il n'y a plus de temps,
Il n'y a que l'instant.
Où tu fermes tes yeux à l' heure
Où bat ton coeur.

Ton royaume est le firmament
Du silence infini
Et de tous les diamants
Que ton coeur a trouvé : au coeur de la vie.

Alors si tu fermes les yeux,
Alors si tu entends battre ton coeur,
Tu sauras que l'on peut être deux
Pour écouter le bonheur.

La force

Elle est en toi,
Quoiqu'il arrive.
Et tu as le choix
Du bon côté de la rive.

D'où vient-elle ?
De l'oiseau qui fraie ses ailes
Dans un chemin vertigineux,
Dans un chemin silencieux.

Elle est douce et bonne
À l'image d'une femme
Voire d'une madone.
Elle habite toute âme.

Qui sent le goût de la pluie,
L'étrangeté bleuie de la nuit.
Le soleil qui s'élève le matin,
Le chant et les refrains par refrains.

De l'oiseau qui est heureux
La force d'être libre et généreux.

La force, c'est aussi la présence de l'arbre,
Oui, juste la présence de l'arbre.
Qui de la terre au ciel,
Choisit de graver toutes les étincelles
De toi à l'autre

L'arbre ouvre le chemin
De toi à l'autre
La force de ce destin.

C'est d'y croire
Et toujours d'y croire.
La force t'interpelle par ton prénom,
La force jaillit du fin fond,
Du mystère,
Du rêve.
Elle devient prière,
Elle devient trève.

Elle est à toi
Elle respecte tes Lois.
La force sait se faire silence,
La force sait se faire voyance.

Elle t'écoute, elle te voit.
Elle t'accompagne là où tu vas.
Elle est toujours là
Comme une amie.
Elle est au fin fond de toi,
Parfois, elle gémit.

Quand tu as peur,
Quand tu as froid.
Mais quel bonheur
Quand elle partage tes bras.

La force t'apporte courage et joie,
Elle ne te trahit pas.
Et de sa présence la force
Comme ton écorce.

Elle t'éloigne de la douleur,
Elle t'éloigne de la peur.
Elle ne dit rien,
N'ordonne rien.

Elle ne fait que donner
Chaque instant, chaque journée.
Chaque moment, chaque nuitée.

Tout être humain a une force bien à lui
Qui peut grandir comme une lumière.
Mais elle peut osciller sans prières,
Alors la force sombre dans la nuit.

Que faut-il faire
Écouter sa petite voix,
Choisir de se taire ? !
Pour l'écouter ici et là :

Te rappeler,
Que tu es fait pour exister.
Que tu peux parler,
Que tu peux créer.

Elle ne cessera
Que lorsque tu seras,
Ou voudras comprendre
Ce vers quoi l'homme doit tendre.

La force te laisse le choix,
De toujours faire taire la violence.
Si tu écoutes et restes droit,
Tu feras sûrement le choix du silence.

D'un silence plein d'amour,
La force est amour.

À chaque fois
Que tu y crois,
J'y crois.

Parce qu'à chaque fois,
Je t'aime et suis heureux.

Il y a des éclairs de feu
À chaque fois,
Que tu me souris,
Que tu me tends ta vie.

Quand tu n'y crois plus,
Alors j'apparais,
Te donnant un nouveau but,
Puis je disparais.

Pour te laisser libre,
À chaque fois.

Et je sais que tu vibres
À chaque fois.

À chaque fois,
On dit que la lumière soit.
Et tes yeux s'éclairent
À chaque fois
Du même mystère
De cette étrange joie.

Je suis avec toi
À chaque fois,
Que j'entends ton pas,
Que souffle ta voix.
À chaque fois
Je murmure tout bas,
Que la paix soit avec toi.

Et ce bonheur de chaque instant
Me rapproche de tous les temps
Où je t'ai cherché,
Et enfin trouvé.

À chaque fois,
Il y a toi,
Qui brille dans mes nuits,
Comme une nouvelle nuit.

Ce que tu crois
Peut devenir ton livre,
Ce que tu crois,
Peut rendre les hommes ivres.
Ce que tu crois,
C'est peut-être moi.

Ce que tu crois,
Je veux bien y croire aussi,
Si tu me parles tout bas, si tu m'expliques pourquoi c'est ici.
Que c'est ce que tu crois.

Mais me diras-tu ?
Comment tu as su,
Ce que tu crois ?
Dis-moi ce que tu crois.

Je n'irai pas plus loin que ta bouche,
J'écouterai tes mots sans qu'ils me touchent.
Je ne prendrai pas
Ce qui est à toi.
Parce que ce que tu crois,
C'est d'abord à toi.

Je prendrai ce que tu voudras,
Juste un peu de ce que tu crois.

Et toi, tu ne m'imposeras pas ta vérité
Pour me laisser t'approcher en toute sérénité.

Nous choisirons ensemble de partager,
Ce que tu crois être et imaginer.

J'aimerais savoir aussi,
Ce que tu crois de moi
J'aimerais comprendre aussi
Ce qu'il y a au fond de toi.
Comprendre et savoir,
Ce que tu crois,
Ce que tu me laisses croire.

Ce que tu crois,
C'est aussi chaque matin,
Ce que la nuit laisse là,
Aux bords de tes mains.

Car ce que tu crois
C'est aussi ce que je vois.

La montre ou l'horloge

Tu as le choix de voir ton temps,
Qu'il soit midi ou non, c'est le bon moment,
Accroché au mur, ou au plafond de ta main,
Tu as le choix c'est certain …

Alors, toi Homme n'aie pas peur
Tu peux choisir à quelle heure,
Tu regarderas la montre ou l'horloge …
Quoiqu'il arrive, rien ne déroge,
À ce que l'on appelle temps
Mais qu'en est-il de ce vent de l'instant ?

Il est l'esclave du soleil et de la lune,
Des étoiles qui sans rancune
Se lèvent les unes après les unes
Pour te dire que toi tu n'es pas le prisonnier
De ce Chronos : temps divinisé.

La montre court,
L'horloge clignote.
Regarde le tour,
Des aiguilles qui tricotent.

Le pull qui te chauffe en hiver,
Les marées qui donnent à la mer.
Ce goût éternel d'été,
Et d'hiver chaque année.

Rappelle-toi, la montre ou l'horloge …,
Tu as le choix : l'horloge
Est dans ta maison.
La montre est le gardien de la prison.

Elle tient ta main,
Elle te serre chaque matin.
Te dis quoi faire,
Vers quel nom va la prière.

À quelle heure Dieu attend une réponse,
De ta mélodie, et de tes terreurs absconses.

Cherche le temps,
Cherche le moment,
Cherche l'instant :
Juste une seconde,
Celle où les aiguilles font la ronde.

Quand tu l'auras trouvé,
Tu pourras regarder,
À nouveau le ciel sans te brûler,
Car tu auras choisi ton éternité.

Et ni la montre, ni l'horloge ne te donneront loi
Le choix du temps, c'est à toi.

Les prédateurs
Sont la nuit après ton coeur
Le jour avec douleur.

Assoiffés, infatigables
À chaque instant,
Ils dressent la table
De leurs festins du diable.

Vous pouvez bien vous nourrir
Et nous amener à mourir
Vous pouvez bien rôder
À chaque carrefour inanimé

Vous n'êtes que des prédateurs,
Vous êtes vides de bon coeur.
Vous n'êtes que des animaux,
Vous ne respectez ni les mots ;

Ni les chants d'espoir,
Et du matin au soir.
Vous acérez vos dents,
À la recherche de diamants.

Qui n'existent pas
Votre quête est vaine.
Les prédateurs fuient comme des rats,
À l'approche de la liberté-reine.

Ils peuvent bien nous poursuivre, nous traquer
Ils ne peuvent nous atteindre, nous toucher.

Les prédateurs s'attaquent à tous les êtres vivants
Mais il y a des êtres plus vivants
Qui deviennent les survivants
D'un temps cataclysmique, d'orages démiurges.
Ils ont soif, comme une purge

De breuvages et d'élixirs vitaux
C'est comme dans un désert,
À la recherche d'eau.

Mais ils ont un destin éphémère
Et s'éteignent à force d'affronter
Les beautés et les merveilles de la terre.

Car le Beau leur est inaccessible et méconnu,
Ils ignorent la force des anges nus.

Ils sont faibles devant la lumière,
Ne connaissent aucune prière.

Ils cherchent nourriture,
Se repaissent même d'ordures.
Préservez les trésors !!!!!
Inépuisables les réserves d'or.

Les prédateurs,

Sont là à toute heure …
Mais qu'importe,
Ferme bien ta porte.

Et ils partiront,
Même ils s'enfuiront …
Car leurs présences
Se videront de toute substance.

Ils deviendront des choses vides,
Et de plus en plus arides.

Soleil tu peux te lever,
Étoiles vous pouvez briller,
Lune tu peux te lever,
Firmament tu peux éclairer :

Les prédateurs n'ont pas de pouvoir
Sur le Divin, l'Humain et leurs pouvoirs.

Le petit matin de joie
Il arrive comme ça,
Sans prévenir.
Il se tient là
Debout plein de rires.

Il appartient au monde entier
Et tourne autour de la terre.
Le petit matin de la fête allumée,
Chante parmi nos lumières.

Il aime à trouver sa patrie,
Près de toute euphorie.

En général, il se lève en même temps que toi.
Il est aussi libre que peut l'être l'éclat …
Du soleil
Dardant ses merveilles.

Il revient chaque jour,
Parce qu'il aime voir tes yeux
S' éveiller d'un lointain secret.
Alors il revient chaque jour,
Vers les demi-dieux,
Que nous sommes en vérité.
Oui, héros d'un rire somptueux.
Nous sommes forts de notre feu,
Qui embrase les journées du petit matin frais
Jusqu'au petit soir encore ensoleillé.

C'est la joie de la vie.
C'est le premier respect qui sourit.
C'est un sentiment exaltant
Qui vient comme un enfant,
Les mains tendues : un hymne à la joie.
Un chant, un poème
Comme pour dire je t'aime
Au petit matin que les dieux lèguent à mi-voix.

Le secret de l'enfant perdu

Il est seul, dans la nuit,
Mais cette nuit est magré tout, douce et tranquille.

Il est seul sur son île,
Et il cherche une idée bleuie.

Sous le soleil des étoiles
Il n'éprouve pas de mal.
Simplement, il n'est pas accompagné
Par quelconque humanité.

Comme sur l'île de la licorne les animaux magiques,
L'entourent et le protégent d'une aura féérique.

Douce et onduleuse la nuit
Devient sa compagne.
Et jusqu'au matin il est l'ami
Du monde des terres de la campagne.

C'est comme un début,
Le jour où il s'est perdu.
Il est en quête,
Tous les jours sont fête.

Et c'est là son secret
De chaque instant s'ennivrer,
Boire le premier instant
Jusqu'à chaque moment.

Dans sa perdition il n'est pas seul,
Et il connaît le chemin.
Il n'est pas perdu il est juste seul.
Il sait qu'il y a des matins, puis des matins.

Il sait qu'il a des amis
Pour l'écouter, comme une symphonie.

Et puis, il y a le bruit du vent,
Qui souffle sur les terres,
Et puis, il y a le pas du temps
Qui rebondit aux bords de la mer.

Et puis, quand vient la nuit
Il s'assoit et il attend minuit
Pour aller glaner le blé des étoiles,
Et faire chauffer le pain et lever les voiles.

Il sait écouter
Il sait marcher,
Il a le secret,
De gagner …

Des amis inconnus,
Alors il n'est plus perdu.

Il sait deviner
Qui l'entend,
Il a l'éternité

Qui l'attend.

Il est dans un monde perdu,
Mais il n'est pas seul.
C'est dire : il n'est pas perdu
Il a le secret que les fées veulent.

En cachette, il a plein de musique
Sa perdition est symphonique.

Au bord de l'eau

Des enfants regardent les bateaux dans le lointain,
Ils éprouvent toujours de la joie,
Malgré l'espace qui les retient.
La vision de ces nefs de bois.

Sourit toujours aux esprits
D'évasion et de rêves épris.
Au bord de l'eau les enfants
Vivent une vie comme un moment.

C'est un silence
En suspens, c'est un regard vers le lointain
Qui n'a que l'horizon et la chance
D'être et de se sentir libres et sans fins.

Sur le rivage la mer les enlace,
Et leur promet beaucoup de magie.
Alors qu'à l'autre bout du monde il y a des glaces
Là les enfants voient l'infini.

Comme ils aimeraient nager jusqu'à eux,
Comme ils aimeraient porter leurs yeux
Le plus loin possible,
Aussi loin que possible …
Derrière les bateaux,
Au bord de l'eau.
Mais qu'y a-t'il entre l'horizon et les bateaux ?
Une fluidité vive, lumineuse, pleine de repos.

Mais c'est peut-être parce que ce sont
Des enfants … que tout semble bon.
Ils voient la mer,
Ils voient la terre.
C'est un panorama, une photo, un décor
De vie, de chemins à découvrir encore.

Ils ont le temps avec eux,
Ils ont un coeur et des yeux.
Ce sont leurs visions,
Dansantes pulsations.

Ô comme ils les aiment ces bateaux,
Ô comme ils aimeraient être oiseaux
Pour voguer,
Pour planer.

Sur un continent qui s'appelle mer,
Accessible et sans limites depuis la terre.

Les océans

Connaît-on vraiment les océans ?
Ulysse et Jason y ont passé leurs vies,
À la recherche de mythes et de titans.
Mais nous, savons-nous : quoi, qui

Leur livrera le secret de ces espaces ancestraux,
Cachés aux monde entier,
Depuis des milliers d'années,
Dans les fragments des secrets vitaux ?

Oui,
La vie
Coule dans les océans
Depuis le début des temps.

Mais toutes les questions subsistent
Et tous les mystères résistent,
À cette immensité océane
Liée à cet espoir qui plane.

Oui, ce seront les océans qui nous sauveront,
Paraît-il qu'en leur fin fond,
Existent des merveilles,
Et des couleurs sans pareil.
Même plus, des forces et des jaillissements
Que les nimbes océanes, recueillent en cercle de diamants.
Il y a eu sans doute, un commencement
Mais on ne sait quand.

En fait, on ignore tout du miracle des océans
Leurs profondeurs, leurs espaces, leurs nombreux chants.

Et chaque question, attend une voix
Et ce sont les mêmes questions, déjà
Qui reviennent
Sans peine.

Car toujours dans l'espoir de percer le mystère,
Et de découvrir même en grains de poussière,
Ce que l'océan
Dira à nos enfants.

Laissons la parole aux océans,
Avant que le silence,
Défie depuis tout ce temps
Une réponse, une chance :
De rester à la fois plein de mystères
Et à coup sûr source de prières.

Le repos

Ils sont fatigués,
Ils sont épuisés.
Ils ont marché,
Avides et sans fiertés.

Ils cherchent un lieu, une terre
Ils cherchent une voix, une parole
Un accueil, une toute première
Voix, voie, couleur à cette école …

De la liberté
Et de ce qu'ils n'osent plus
Espérer.
Redonnons leur ce but …

Oui, le repos n'est pas loin,
Encore quelque chemin.
La providence
La tolérance,
Le respect,
La fraternité.

Sont là et leur délivrent
Certainement une délivrance,
Méritée grâce et ivre
Une véritable chance.

Ils sont fatigués,

Ils sont épuisés,
Mais ils peuvent espérer,
Ce repos, cette éclaircie d'été.

Un repos chaud et lumineux,
Un havre de paix chaleureux,
Une douceur renouvelée,
Un bien-être retrouvé.

Non, le repos n'est pas une illusion
Il est le fondement,
De ce que l'on appelle civilisation.
Il est devenir et préoccupation.

Le repos se joint aux rêves,
Et rend l'impossible
À nouveau possible.
Cette lumière brève.

Se fera plus longue, plus vive
Et surtout plus forte,
Comme une nouvelle escorte
Et dès lors pourra voir la rive.

La rive du repos qui n'est pas loin.

La nourriture

Que ce soient les livres ou la musique
Tout ce qui touche l'Esprit
Est réellement magique.
Soleil et éclat de l'humaine vie.

La nourriture de l'âme,
N'a de besoin que la flamme ;
D'un questionnement intérieur
Qui paraît à certaines heures.

En effet, il y a ces heures solennelles
Ces cascades si belles,
Où le temps pense avec nous.
Il faut d'abord poser un genou,

Pour bien saisir
De pensée, le désir.
J'absorbe des flux d'écrits, de sons
De la matière spirituelle en fusion.

Mais de cette substance, de cette nourriture
Il me faut distinguer l'aura pure :
Bienveillante
Et captivante.
Nourrir et être nourri,
Voilà à quoi ressemble la vie.
Comme un hymne à la joie
Une promesse de différents rois.

À la fois riches et mendiants,
La nourriture est le cadeau
Que l'Homme fait au mendiant
Et que le mendiant fait au berceau
De toute humanité.
Si je pense et que je suis
Je sais
Ainsi

Que l'Homme a faim
Pour oublier sa fin.

Du désert au désir

C'est un jour à venir,
C'est un matin qui décide de partir.

Mais qui emmène avec toi
Des milliers de chants et de lois.

Du désert au désir
D'abord il y a toi,
Et nos premiers rires.
Et nos premiers ébats.

Dans ce désert d'abord j'ai marché,
J'ai vu des dunes enlacées
Des sables à tes pieds
Et des montagnes dévaler.

Du nord au sud,
Du primat au prélude,
Du désert au désir
De la lune qui transpire

Jusqu'au matin, laissant place au soleil
Le désert attendait bien de livrer ses merveilles.

Et le désert à venir portait chants et mirages,
Alors j'ai cherché partout ton visage.
Et je l'ai trouvé …
Au détour d'un oranger …

Miraculé.

La vie et son désir
S'élèvent et ne veulent partir.
Où que tu sois, le désert a bien une vie
Élève ta vision vers l'aura, et plus d'interdit.

La liberté t'a gagné,
Et cette vie
Qui envahit.
Le désert à nouveau habité …

Car longtemps le désert fut vide
Et longtemps le désir aride.

Aujourd'hui, je suis là
Et tu es là,
Le désert s'emplit
De sons et de mélodies.

Et c'est ce qu'est le désir,
Vertige et plaisir.

Alors ce désir,
Ces montagnes de rires
Commencent d'abord par un sourire.
Tu m'as donnée la promesse de ne pas partir.

Le désir dans ce désert est d'autant plus fort

Qu'il y a des années qu'il était mort.
Tu es venu, et tu as sauvé
Et l'amour et la liberté.

Alors tu m'as dit merci
Et nous sommes partis.
Toi vers l'Orient
Et moi du soleil couchant.

Le voyage

Par terre,
Par mer,
Défilent nos paysages
Apparaît le voyage.

Par sentiers et chemins écartés,
Nous nous sommes retrouvés.
Une éternité encore jamais vue,
Des amants de feux encore nus.

Non ne prends pas peur,
Le voyage n'a pas d'heures,
Et je viendrai vers ce bonheur.
Par terre le voyage nous emmène au milieu des forêts,
Par mer le voyage nous emmène vers une Odyssée.

À la rencontre de lutins et de titans
Le voyage se fait magie et de temps en temps.
Quelques lumières éclairent
Ton parcours
Oui … d'amour.

Alors le voyage, devient rencontre
Et ton regret me touche,
Et je cherche à nouveau ta bouche
Pour me parler, elle me montre

Notre première nuit :

Un voyage empli
De paroles et de tendresse,
Un voyage que rien ne délaisse.

Ce voyage est unique et il nous attendait
Déjà depuis la première arrivée
Par terre
Par mer.

Dans ce voyage,
Dans ces paysages,
L'amour n'est pal seul talent
Fées, lutins, magiciens et … mendiants.

Tendent les mains,
Aux abords du chemin.
Laisse-moi regarder ton visage,
Laisse-moi penser ce voyage.

Comme un grand projet,
Qui va de matins en soirées.
La terre, la mer te suivent
Jusqu'à la belle rive
Qui touche à notre histoire
Et qui n'est faite que d'espoir.

Le voyage par essence est découverte,
Et moi dans mon amour, je suis offerte
À la fois,

Toi.

Et même parfois je chante
Pour t'éveiller au clair son de ma voix,
Alors je tremble de joie,
Et je sens que je t'enchante.

Alors soudain, je suis heureuse
Il n'y a plus de solitude.
Et au fond des souches creuses
Les arbres deviennent d'écorce moins rude
Et la douceur se fait envahissante,
Et le voyage n'est plus une descente
Vers une fin,
Elle est une ascension … enfin,

Comme un oiseau qui s'élève
De terre en mer,
Comme un rêve
De toi en prières.

Les voix

Où que tu sois,
Écoute ta petite voix ;
Elle te parle pour que tu l'écoutes,
Elle est toujours sur ta route ;

Comme un murmure,
Comme une offrande,
La voix devient l'armure
De ces statues si grandes.

Qui semblent se taire
Pourtant elles connaissent ta prière.
Et te protègent : c'est pourquoi elles sont immobiles.
Et choisissent les voix des fleurs fragiles.

L'arpège ne se taira jamais,
Il y aura toujours cette petite voix.
Qui te parle de ses secrets,
De ses sons en filets,

De lumière
Sans misère.
Là où j'ai choisi de t'écouter,
Parce que tu sais parler.
Et moi, j'ai su deviner
Qui tu étais.
Mais dans ce rêve je t'ai reconnu
De très très loin tu es venu.

Et tu m'as ouvert les bras
Avec chaleur et fraternité,
Et j'ai choisi la voie,

Et d'être à tes côtés.
Ensemble, nous avons marché,
Ensemble, nous avons parlé.

Et le bruit des pas
Et le son de ta voix.

Deviennent doucement
Et certainement,
Tes meilleurs amis.
Une petite voix qui dit :

Je veux faire le voyage avec toi,
Alors es-tu d'accord pour chanter avec moi
Et faire de ces voix
Un unique chant avec toi ?

Le sourire bleu

Il vient du ciel
Bercé par les anges.
Il a les mots et les ailes
Qui transposent l'étrange
Vers ce qui est encore bleu.
Ton sourire est le premier aveu
Mais sans mensonges, il propose
Des fleurs et des roses.

Du chaud et du doux,
De la vie et des chevaux roux.
Comme à la lumière de tes yeux,
J'ai choisi à mon tour de te rendre heureux.

Ce sourire
Et cette couleur.
Sont le navire
De mon bonheur.
Et je vogue à l'infini
De ma vie à ta vie.
Et la route est jalonnée
Par tes sourires envoyés.

Depuis l'autre bout du monde.
Comme une écume blonde
J'ai des souvenirs de toi,
Ton sourire gravé en moi.

Il est comme ce rayon de l'extrême
Il porte tous les éclats suprêmes.
Il me sourit
Il me dit toujours oui.

Alors je vis une vie qui va vers
La direction de tes lumières.

Le piano enchanté

Il a des rimes en symphonies
Et des nuits toutes les nuits ;
Il chante avec souplesse,
Et un coffre de forteresse.
Il enchante tout le décor
De son horizon sonore.

Parfois la nuit,
Il me réveille.
Et propose un songe tout ébloui,
C'est l'éveil.

Et le matin quand il fait jour
Le piano est plein de notes entremêlées
C'est le mélange de la nuit et de l'amour.

Le piano a chanté mes rêves,
Il a frayé son chemin
Au milieu de la place de ce petit matin
Comme un nuage frais et plein de sève.

C'est un chant tout nouveau
Qui n'a jamais été
Et qui désormais est.
Il accepte toutes les mains : il fait beau.

Alors c'est un enchantement,
Une fin à contresens,

Il n'y a plus de nuits sans vents
Il y a à nouveau toutes les chances.

Ses arpèges galopent
Mais qui joue de ce piano
Un mendiant, un roi, un prince ?
Toutes les nuits et il chante même en solo.
Ces chants sont dans une langue inconnue
Pourtant on comprend chaque instant
Instant de sa mue,
Vers l'océan.

Oui c'est cela,
Un peu un piano sous les mers.
Ce qu'il dit ? : " *Écoutez-moi*
Je suis là heureux et je t'éclaire ".

Alors je m'évade de mon sommeil
Et je plonge pour sentir
Les musicales merveilles.
Lui dire merci devient un plaisir.

Le feu dans la forêt
Il est clair de brasier
Il est plein de lumières embrasées.
Il démarre dans la clairière,
Et s'avance vers les Terres.

C'est comme un soleil tout autour
Des arbres, du petit glamour.
Mais la forêt prend elle feu ?
Regarde, tout à coup il pleut.

Le feu dans la forêt
Va-t'il donc cesser ?
Et bien, cherchons à savoir
Quelle est de la forêt, l' histoire ?

Le feu ou la pluie ?
Un matin ou une nuit ?
C'est l' histoire des jours,
Précisément l'histoire d'un jour.

Le feu dans la forêt
Va-t'il tout emporter ?
Et les matins et les soirées ?
Qu'en est-il de cette envolée ?
Envolée de flammes,
Envolée de couleurs,
Du feu, des lames
Et pourtant pas de peur.

Le feu dans la forêt,
Existe depuis l'éternité.
Et malgré cela pas de destruction :
La vie continue ses drames et ses passions.
Mais le feu est bon, il est le chaud
Il est la clarté, dans le soir si beau.

Et la forêt devient lumineuse
La vie y devient radieuse.

Un matin pas comme les autres

C'est un matin qui est à nous,
Un matin sans guerre,
Un matin de lumière et d'espoir fou
Oui, un matin sans guerre.

Un matin, sans peur,
Un petit matin de bonne heure.
Un matin qui sera écrit
Dans un livre où tout sera compris.

Unique et majestueux,
Juste un matin heureux.
Et c'est si rare, si précieux,
Que tu peux le vivre à deux.

Et ce matin est si bon
Et ces ombrages sont si doux,
Qu'il n'y a nul besoin de penser au violon,
Que l'éclat de la lumière devient roux.

Ce matin pas comme les autres
Devient notre
Et il est doux de souhaiter
D'imaginer un lendemain : d'espérer.
Car le plus bel espoir réside dans le partage
Et la conviction d'une pensée authentique.
Savoir qu'il n'existe aucun sage,
Qui laisse sa porte sans propos féérique.

Et ce sont les grelots du premier matin
Qui se mêlent aux chants des oiseaux,
Il y a alors une symphonie sans fin.
Et une mélodie qui s'écoule au fil de l'eau.
La chanson du matin, c'est cela
Trouver les premiers diamants.
Et savoir faire les premiers pas,
Qui mènent aux territoires des géants.

Le premier matin
C'est celui où je tends ma main.
Pour toucher le fond du rêve inoublié
Qu'il soit bleu ou mordoré.

Ma main rejoint la tienne
Et ce matin là nulle haine.
Juste la flamme d'une aura
Qui se partage dans tout l'au-delà.

Et c'est pour cela qu'il n'est pas comme les autres,
Parce qu'il se partage avec les votres.

La nuit de la sirène

Elle vit, dort et chante
Au fond de l'eau.
On dit qu'elle enchante
Les marins qui voguent sur les eaux.

Mais elles chantent pour être moins seules
Et c'est là tout ce qu'elles veulent.
Les nuits sont pleines d'étoiles sur l'océan,
Et nulle part, il n'y a trace de vent.

La mer n'est pas houleuse,
Et la sirène de la nuit.
Cherche encore à être heureuse,
C'est là toute sa vie.

On a dit, que la sirène était tombée en amour,
Avec un prince voyageur
Avec le marin d'un jour.
La mer est un lieu sans peur.

La sirène protège, veille, danse et chante
Tous les marins qui veulent bien l'écouter
Il n'y a pas de piège, qui les tente.
La sirène des océans connaît
Tout les fonds
Les rochers et les enfants blonds.

Qui chantent et jouent aux abords des rivages.

Mais la sirène est encore sauvage :
Elle s'approche de toi
Seulement si tu la vois.

Elle ne s'impose pas,
Elle ne fait qu'être là :
Chanter
Danser.

Les océans et les mers sont immenses
Et nombreux sont les hommes
Qui y ont tenter leurs chances,
À fleur de veilles et de sommes.

La lumière incomprise

Elle donne des tonnes de rayons
Qui fusent comme les crayons
D'un Cézanne, et de la Montagne Sainte-Victoire
Et d'une lumière sans départ …

Pour arriver à mêler les objets à des lumières anguleuses,
Il n'y a plus d'espace obscur,
Il n'y a plus d'incertitudes fabuleuses,
Tout devient clair d'une pensée pure.

Pleine d'éternités,
Pleine de matin d'étés.
La lumière tourbillonne parmi les fleurs
Qui multiplient leurs différentes odeurs.

Dans la lumière, la couleur et les odeurs se mêlent
Et si l'on dit qu'elle est belle
C'est peut-être simplement parce que la lumière
Met en avant le beau dans l'univers.

Elle apprend aux hommes le don du regard,
En effet, même quand elle se fait rare,
La lumière est visible quelque part sur la terre.
À n'importe quel moment
Depuis la nuit des temps.

La lumière est ce par quoi le monde est éclairé
Elle est révélation et dévoile la vérité.

Elle est aussi radiations,
Visibles ou invisibles sont ses rayons.

La lumière provient de tout l'univers
Là où il y a des corps incandescents.

Que tu es belle Ô terre et monde luminescents.
La lumière galope autour de la terre.

Et c'est la nuit et c'est le jour,
Jeux et parfums sans détour.

La lumière incomprise
N'abandonne aucune parcelle
Et elle ne frissonne nullement dans la bise.
On l'a toujours trouvée belle.

Elle brille toujours quelque part,
Incomprise parce que les ténèbres ne disparaissent pas.
Elle propose à tout moment, une histoire
Où l'obscurité ne serait jamais totalement sans éclat.

La douleur d'Atlas

Géant mais condamné
Le ciel est tout à sa portée.
Les pieds ancrés dans Gaia,
Il tient le ciel à bout de bras.

Ouranos est son seul ami.
Zeus l'a blessé dans sa liberté.
Mais qui se soucie du géant : la vie ?
Qui se soucie d'un géant condamné ?

Et alors, il voit tout le ciel
Du premier chemin des hirondelles,
Au dernier chemin de la lune.
Atlas peut contempler les dunes.

Ainsi, au sein de sa douleur,
Il éprouve quelque bonheur.
Bonheur offert
Par l'univers.

La douleur d'Atlas devient en quelque sorte,
Transmuée dans un lien d'amour
Atlas protège et propose au monde une escorte,
Pour que la terre respire jour par jour.
Finalement Zeus a-t'il vraiment condamné le géant ?
Ne serait-ce pas plutôt un cadeau de tous les instants ?
Il a le monde à ses pieds,
Il a la terre en toute liberté.

Sa douleur est un chemin
Vers l'éternité de la vie.
Sa douleur n'est plus son destin.
Mais la promesse d'une joie infinie.
Dans toute douleur,
Il y a une part de bonheur.

Le nid de l'oiseau de pluie

Il est perché sur la plus solide branche
Il est fait de brindilles du dimanche.
Il est protégé par les feuilles et le ciel
Et tout en lui s'unit et se rappelle.

Perché au plus haut de l'arbre
Il ne connaît pas la solitude
Face aux montagnes de marbre,
De neige il ne connaît pas l'habitude.

Il est libre ce petit nid
Et la vie qu'il porte en lui,
Le rend gai
Le rend frais.

Que ce soit le matin,
Le soir dans le jardin,
On peut entendre
Les nouveaux chants tendres.

Des oisillons bercés par l'espoir
Porté dans le vent quand vient le soir.

En effet, c'est un oiseau qui un jour de pluie
A choisi cet arbre pour faire son nid.
Était-ce à cause de la douce pluie,
Ou bien de beautés claires de la nuit ?

Oui c'était un soir d'été où il pleuvait,
Un soir tranquille, doux et lumineux,
Ce soir là précisément, la vie chantait
Et brin par brin l'orage presque silencieux.

Donnait à l'arbre une vie chaude,
Et la musique se faisait joie, ode.

Matin et soir
Soir et matin
Pleins d'espoir,
Le nid était plein

Plein de matins
Sous la douce pluie.
Et avec ma main,
Je pouvais toucher la vie.

Du côté de la mer

Il y avait des bateaux
Des soleils et des frissons.
Du côté de la mer,
Tout le long des eaux,
Passaient des horizons,
Bleus, indigos et verts.

Le soleil aimait à se coucher
Dans ce lointain si proche.
Du côté de la mer, du côté de l'été.
Il y avait également des roches,

Des rochers comme des remparts
Pour protéger la mer, le soir.
Du côté de la mer
Quelques enfants jouaient
Assis ou couchés à terre,
Le sable doux, chaud s'allongeait,

Le long du rivage,
Les enfants si sages.
Berçaient leur avenir,
Du côté de la mer et de leurs rires.

Il ne faut pas oublier ces moments là,
Qui pour le futur
Sont des souvenirs de joie,
De paix et de nourriture …

Spirituelles,
Sensuelles.

Préservons cette mémoire
Quand aujourd'hui tout bascule.
Il y a certaines histoires
Où les frontières reculent.

Où la liberté n'est plus un simple mot,
Mais une vérité au-delà des flots.

Table des matières

Le roman inachevé 7
Les visages 9
La compagnie des fées 12
La voix qui chante 14
Fermer les yeux, battre son coeur 16
La force 18
À chaque fois 22
Ce que tu crois 24
La montre ou l'horloge 26
Les prédateurs 28
Le petit matin de joie 31
Le secret de l'enfant perdu 33
Au bord de l'eau 36
Les océans 38
Le repos 40
La nourriture 42
Du désert au désir 44
Le voyage 47
Les voix 50
Le sourire bleu 52
Le piano enchanté 54
Le feu dans la forêt 56
Un matin pas comme les autres 58
La nuit de la sirène 60
La lumière incomprise 62
La douleur d'Atlas 64
Le nid de l'oiseau de pluie 66
Du côté de la mer 68